BEI GRIN MACHT SICH IHR WISSEN BEZAHLT

- Wir veröffentlichen Ihre Hausarbeit, Bachelor- und Masterarbeit

- Ihr eigenes eBook und Buch - weltweit in allen wichtigen Shops

- Verdienen Sie an jedem Verkauf

Jetzt bei www.GRIN.com hochladen und kostenlos publizieren

Bibliografische Information der Deutschen Nationalbibliothek:

Die Deutsche Bibliothek verzeichnet diese Publikation in der Deutschen Nationalbibliografie; detaillierte bibliografische Daten sind im Internet über http://dnb.d-nb.de/ abrufbar.

Dieses Werk sowie alle darin enthaltenen einzelnen Beiträge und Abbildungen sind urheberrechtlich geschützt. Jede Verwertung, die nicht ausdrücklich vom Urheberrechtsschutz zugelassen ist, bedarf der vorherigen Zustimmung des Verlages. Das gilt insbesondere für Vervielfältigungen, Bearbeitungen, Übersetzungen, Mikroverfilmungen, Auswertungen durch Datenbanken und für die Einspeicherung und Verarbeitung in elektronische Systeme. Alle Rechte, auch die des auszugsweisen Nachdrucks, der fotomechanischen Wiedergabe (einschließlich Mikrokopie) sowie der Auswertung durch Datenbanken oder ähnliche Einrichtungen, vorbehalten.

Impressum:

Copyright © 2018 GRIN Verlag
Druck und Bindung: Books on Demand GmbH, Norderstedt Germany
ISBN: 9783668693296

Dieses Buch bei GRIN:

https://www.grin.com/document/423902

Niklas Hurtig

Geofencing im Bereich des autonomen Fliegens

GRIN Verlag

GRIN - Your knowledge has value

Der GRIN Verlag publiziert seit 1998 wissenschaftliche Arbeiten von Studenten, Hochschullehrern und anderen Akademikern als eBook und gedrucktes Buch. Die Verlagswebsite www.grin.com ist die ideale Plattform zur Veröffentlichung von Hausarbeiten, Abschlussarbeiten, wissenschaftlichen Aufsätzen, Dissertationen und Fachbüchern.

Besuchen Sie uns im Internet:

http://www.grin.com/

http://www.facebook.com/grincom

http://www.twitter.com/grin_com

Geofencing im Bereich des autonomen Fliegens

Niklas Hurtig[1]

Abstract: Mit Geofencing können durch die Programmierung von einer Software Grenzen bzw. Bereiche erstellt werden, die eine Fernüberwachung von geografischen Gebieten ermöglicht. Dies wird in verschieden Bereichen, wie des autonomen Fliegens, Mobilfunk oder Mobilitäts-Sharing eingesetzt, um bestimmte Regeln bei geografischen Indikatoren von mobilen Objekten in den Anwendungen nutzen zu können.

Keywords: Geofencing, Autonome Mobile Systeme, Drohnen, Flugverbotszonen, Carsharing

Inhaltsverzeichnis

1 Einleitung
2 Grundlagen des Geofencing
  2.1 Funktionsweise und Systembeschreibung
  2.2 Vorteile durch die Verwendung von Geofences
  2.3 Elemente und deren Entwicklungsstand
  2.4 Techniken des Geofencing
  2.4.1 Area
  2.4.2 Point of Interest
  2.4.3 Wegpunkte und Routen
  2.5 Besonderheiten beim autonomen Fliegen
3 Konfliktpunkte
4 Lösungsansätze
5 Zusammenfassung und Fazit

Literatur- & Quellenverzeichnis

---

[1] Hochschule für angewandte Wissenschaften Hamburg, Fakultät Wirtschaft & Soziales, Department Wirtschaft.

1 Einleitung

Der Begriff Geofencing kommt ursprünglich aus dem Englischen, wird so aber auch ins deutsche übertragen. Wörtlich übersetzt heißt es einzäunen.[2] Die Technologie des Geofencing basiert auf der Ortung mittels GPS[3] bzw. Satellitenortung und Telematik. Es bedarf also Komponenten aus der Informatik, Telekommunikation und der Ortungstechnik. Das Geofencing ermöglicht so die Fernüberwachung von geografischen Gebieten, die durch einen virtuellen Zaun (Geofence) umgeben sind, und erkennt automatisch, wenn definierte mobile Objekte diese Bereiche betreten oder verlassen.[4] So lassen sich bspw. Abfolgen von Kommandos oder Meldungen definieren, die beim Eintritt oder Austritt aus einer Geofencezone ausgeführt werden sollen, worauf im Verlauf dieser Arbeit anhand des autonomen Fliegens noch genauer eingegangen werden soll. Im Mobilfunkbereich ist uns diese Art von geografischer Differenzierung schon länger bekannt, woraus mit Roaminggebühren hinter Ländergrenzen ein wirtschaftlicher Nutzen gezogen wird.[5]

Im Bereich des autonomen Fliegens werden die sogenannten „No-Fly-Zones" gerade aus Sicherheitsaspekten ein immer bedeutenderer Geofence Einsatz. Diese Zonen sind in den meisten Fluggeräten einprogrammiert bzw. implementiert, um kritische Zonen rund um bspw. Flughäfen oder Krankenhäuser zu sperren.[6] Im Verlauf dieser Arbeit soll erörtert werden, wie man diese Zonen optimieren kann. Dazu soll anhand von privaten und kommerziellen Anforderungen von Drohnennutzern, sowie der Gesetzeslage, Sicherheit und Privatsphäre eines jeden ein möglichst optimaler Mittelweg eruiert werden.

Seit der neuen Drohnen-Verordnung ab April 2017 gelten nochmal verschärfte Gesetze, die die Piloten zu beachten haben (Abbildung 1). Diese versucht zwar alle

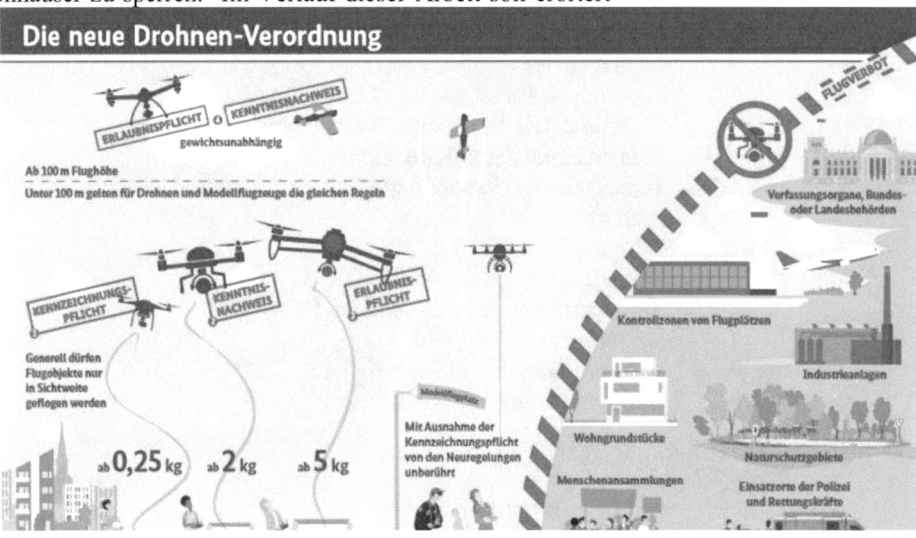

Abbildung 1: BMVI

---

[2] Media Schmid.
[3] GPS, Global Positioning System.
[4] Vgl. Reclus, F. (2009), S.353.
[5] Vgl. Yeluri, R. (2014), S.94-95.
[6] Vgl. Yuneec.

Regelungen transparent darzustellen, jedoch wird durch die zunehmende Regulierung die Hobbynutzung erschwert, der Markt von autonomen Fluggeräten eingeschränkt und der bürokratische Aufwand gesteigert. Welche Vor- und Nachteile dies mit sich bringt und wie eine optimale Lösung aussehen könnte, ist Bestandteil dieser Arbeit.

2 Grundlagen des Geofencing

Um die Funktionsweise des Geofencing besser zu verstehen und den technischen Stand darzustellen, sollen im Folgenden die Grundlagen erläutert werden. Außerdem gilt es, die Vorteile dieser Technik auf zu zeigen, die einzelnen Elemente mit deren Entwicklungsstand näher zu beleuchten und die verschiedenen Einsatztechniken zu erklären.

2.1 Funktionsweise und Systembeschreibung

Die Nutzung von Geofencing setzt zunächst eine Bestimmung der Koordinaten des Geofences, also des virtuellen Zaunes, und des zu betrachtenden Objektes voraus. Es ist also an Radio- oder Satellitensignale gebunden, mithilfe der man die Position bestimmten kann. Am weitesten verbreitet ist dafür das GPS (Global Positioning System) mit einer relativ einfachen Funktionsweise. [7] Es besteht aus einem System von 27 Satelliten, die über der ganzen Erde verteilt ihre Kreise ziehen und dabei laufend ihre aktuelle Position sowie die genaue Uhrzeit übermitteln.[8] Auf Grundlage dieser Daten kann ein darauf speziell ausgerichteter Empfänger mit Tracking Modul seine eigene Position und Geschwindigkeit errechnen. Für eine Ortsbestimmung benötigt man mindestens vier Satelliten, zu denen der Empfänger eine Verbindung aufgebaut haben muss, es gilt in diesem Fall der Grundsatz „je mehr desto besser", da die Ortsbestimmung mit mehr Satelliten auch eine höhere Genauigkeit erlangt.[9]

---

[7] Herrmann, H. (2013), S.492.
[8] MiTAC Europe (2012).
[9] Magicmaps.

Alleine die Kommunikation zwischen Satelliten und Empfänger ermöglicht natürlich keine weitere Verarbeitung der Daten. Die GPS Daten werden dazu mittels eines Telekommunikationsdienstes wie GSM oder LTE[10] an einen Server übermittelt, von wo aus sie von Applikationen der Nutzer ausgelesen werden können. Das bedeutet, dass auch erst in der Applikation des Clients die verschiedenen Berechnungen und Analysen durchgeführt werden können. Positionsvergleiche oder das Auslösen einer Alarmmeldung, die ein Teil des Geofencing sind bzw. dieses erst möglich machen,

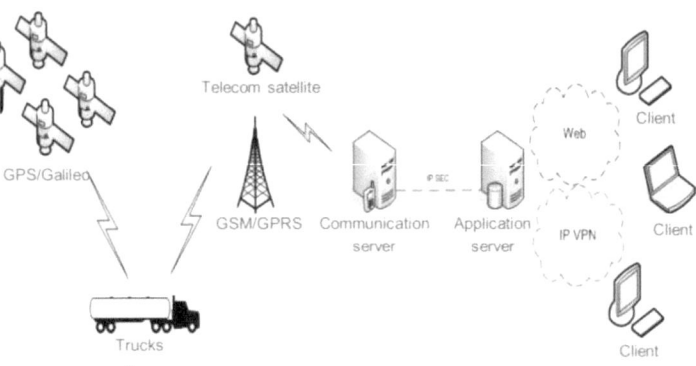

Abbildung 2: Architektur eines Geofencing Kommunikationssystems

finden somit ebenfalls erst softwareseitig in der Applikation statt. Dort werden im Fall einer Geofenceregelung stetig die aktuellen Positionsdaten mit den hinterlegten Geofence-Koordinaten verglichen.[11]

2.2 Vorteile durch die Verwendung von Geofences

Durch die Verwendung von Geofences können verschiedene Vorteile genutzt werden. Der wohl größte ist, dass Standortinformationen in Echtzeit mit den „Zäunen" abgeglichen werden können.[12]

Im autonomen fliegen bietet es vor allem die Möglichkeit, die Überwachung von Drohnen zu automatisieren und somit auch unabhängig von aktiven Fluggeräten zu sein. Die meisten Hersteller, wie DJI, integrieren eine Datenbank, in der kritische Zonen, wie Flughäfen, Hubschrauberplätze, Krankenhäuser und Industrie als „No-Fly-Zone" hinterlegt sind, sodass sich die Geräte innerhalb einer solchen Zone gar nicht erst starten lassen, bzw. nicht in diese Zonen fliegen können. Zusätzlich können in Näherungs- bzw. weniger kritischen Gebieten Warnungen an den Bediener oder Piloten gesendet werden, damit er besonders aufmerksam auf die gesetzlichen Bestimmungen[13] achtet oder umdreht.[14]

Im Bereich der „Aerial Footage"[15] versteht man heutzutage das Erstellen von Foto- oder Videoaufnahmen aus der Luft, die von einer Drohne aus gemacht werden. Dort lassen sich mit Geofence sehr einfach und effektiv intelligente Hilfsmittel zuschalten, mit denen die

---

[10] Mobilfunkstandards: Global System for Mobile Communications und Long Term Evolution.
[11] Karim, D., (2013), S.57.
[12] Vgl. Continental Automotive.
[13] Verordnung zur Regelung des Betriebs von unbemannten Fluggeräten.
[14] Vgl. DJI.
[15] Wörtl.: Luftaufnahmen.

gewünschten Aufnahmen auch ohne hohen Personalaufwand gelingen. Auf die verscheiden Modi, die als Hilfsmittel genutzt werden können, wird im Abschnitt 2.4 noch genauer eingegangen.

2.3 Elemente und deren Entwicklungsstand

Geofencing Technologien und Komponenten gibt es in verschiedensten Stadien, Preisklassen und Anwendungsgebieten. Durch die hohe Vielfalt entsteht ein undurchsichtiger Markt mit Technik, Leistungen und Software, die teilweise sehr differenziert sind.

Die GPS-Technik gibt es schon seit 1995, ursprünglich entwickelt für das Militär, und ist mittlerweile recht ausgereift. Die Infrastruktur an Satelliten, Sendemasten und Server, aber auch Systeme (GLONASS, Galileo, Beidou..) ist sehr stark aufgebaut und wird sukzessive verbessert, um genauere Ergebnisse zu erzielen.[16]

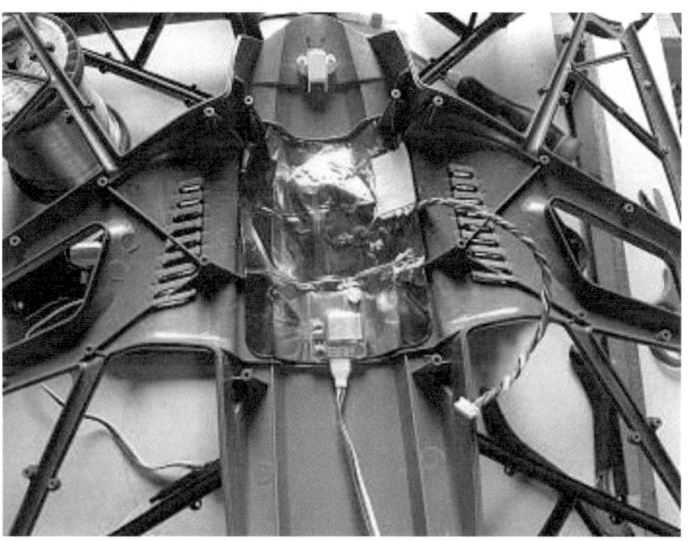

Abbildung 3: GPS Antenne (kupferfarben) von Yuneec Q500 Drohne

GPS Einheiten können mittlerweile sehr klein sein und sind dabei dennoch gut ausgestattet. Allgemein besteht eine GPS Tracking Einheit aus einer GPS-Empfänger- und GMS/GPRS-Sender-Box, sowie natürlich einer (oder mehrere) Antenne(n) und einem Akku. Bei Drohnen sitzt die Antenne meist im Verhältnis großflächig unter dem Dach bzw. des Tops, um bestmöglichen und störungsfreien Empfang zu gewährleisten. Da Drohen größtenteils mit Akkus betrieben werden, sind diese sog. Flugakkus auch gleichzeitig die Versorger der GPS-Einheiten. Die Hersteller versprechen vor allem eine immer höhere Genauigkeit bei der Positionsbestimmung und eine parallele Nutzung von verschiedenen Systemen (wie z.B. GLONASS).[17]

Gerade im Bereich des autonomen Fliegens nicht zu vernachlässigen ist die etwas neuere Technik der Wifi Kommunikation, da dort die meisten Fernsteuerungen mit einer Funksignalwelle von 2,4 GHz mit der Drohne kommunizieren.[18] Die Wifi Technik ist zwar ursprünglich nicht als Ortungstechnik konzipiert worden, erleichtert aber durch die hohe Datenübertragungsgeschwindigkeit die

---

[16] Vgl. Magicmaps.
[17] Vgl. Abidi, H., (2001), S.9.
[18] Vgl. technische Spezifikationen einer Drohne Bsp.: Yuneec Q500
https://www.yuneec.com/de_DE/kameradrohnen/typhoon-4k/daten.html.

Steuerung von autonomen Systemen und ermöglicht unter anderem Funktionen wie „Follow Me" oder „Coming Home" (siehe auch Abschnitt 2.4).

2.4 Techniken des Geofencing

Sowohl im privaten als auch kommerziellen Einsatz stehen im Bereich des autonomen Fliegens verschiedene Geofence Techniken zur Verfügung. Hier wird sich speziell auf die für Drohnen spezialisiert, die wiederum zwischen zuschaltbaren bzw. wahlweise nutzbaren und den (gesetzlich) festgelegten Geofencingfunktionen zu unterscheiden sind.

2.4.1 Area Geofencing

Die Area Geofencing Methode ist die bekannteste und gleichzeitig auch am weitesten verbreitete bzw. genutzte Technik. Die Hauptanwendung findet sie bei den sogenannten No-Fly-Zones (kein Fliegen Zonen), in denen man nur in besonderen Ausnahmenfällen eine Drohne starten darf und auch kann, da die Hersteller diese in ihrer Steuerungssoftware schon berücksichtig haben und die jeweilige Drohne dann gar nicht erst starten kann. Daraus lässt sich bereits schließen, dass es sich um eine festgelegte Geofence Area handelt.[19]

Abbildung 4: No-Fly-Zones in Norddeutschland (DJI)

Allgemein lässt sich sagen, dass diese Technik erkennt, ob eine Einheit die virtuelle Grenze betritt oder verlässt und kann entsprechend beispielsweise mit einem Alarm reagieren. Welche Formen oder Größen diese Areas haben, ist quasi nicht eingeschränkt, sie muss lediglich durch Punkte in Form von Koordinaten definiert und programmiert sein.[20] Die am meisten angewandte Geometrie ist im Drohnenbereich jedoch ein einfacher Kreis, wie auch auf der Abbildung

---

[19] DJI Flysafe Map.
[20] Vgl. Reclus, F., (2009), S.354.

4 zusehen. Man muss lediglich einen Punkt (Koordinate) und den Radius bestimmen, um die Zone zu definieren.

Der Vorteil an dieser Art der Geofence Festlegung ist, dass auch komplexe Gebilde mit Aussparungen möglich sind. Ein Gebiet (z.B. eine Stadt) kann so recht genau erfasst und virtuell nachgebildet werden. Jedoch sind ggf. auch viele Koordinaten zu erfassen, was IT-Operationen, insbesondere im mobilen Verkehr, verlangsamen kann. Ein gutes Beispiel für komplexe Zonen sind Carsharing Anbieter, die ein genaues Gebiet definiert haben, in denen ihre Fahrzeuge abgestellt werden dürfen und sogar einzelne Inseln außerhalb der Hauptzone haben. Wenn ein Kunde mit einem Fahrzeug diese Gebiete verlässt, bekommt er eine Benachrichtigung darüber.[21]

2.4.2 Point of Interest

Diese Technik ist darauf ausgelegt, die Nähe eines Fahrzeugs in Relation zu einem bestimmten Punkt (Poin of Interest) zu erkennen. Der Geofence ist hierbei ein Kreis, bei dem sich der bestimmende Punkt in der Mitte befindet. Der Kreisradius kann mit unterschiedlichen, als sinnvoll erachten Abständen parametriert werden. Die Anwendung reicht von wenigen Metern bis zu mehreren Kilometern.

Ähnlich der No-Fly-Zones werden nur die Koordinaten des Zentrums und der Radius als Parameter benötigt. Der Algorithmus berechnet dann den Abstand zwischen dem mobilen Objekt und der Mitte des Kreises. Je nachdem, ob der Abstand kleiner oder größer als der Wert des Radios ist, wird das mobile Objekt entsprechend als innerhalb oder außerhalb des Geofence betrachtet.[22] Der entscheidende Unterschied zu No-Fly-Zones ist jedoch, dass es nicht ein „gesperrter" Bereich ist, der ggf. nicht betretbar ist, sondern gerade im autonomen Fliegen das Gegenteil bewirken soll. D.h. das mobile Objekt soll Aktionen innerhalb dieses Kreises ausführen bzw. sich darin befinden. Bei autonomen Drohnen Kommandos heißt dies meist, dass diese sich sogar möglichst genau auf der Grenze (Kreislinie) bewegen sollen. Unteranderem bei Aerial Footage spricht man von intelligenten Flugmodi, die den Piloten unterstützen sollen, die richtigen Aufnahmen zu bekommen. Die Point of Interest Einstellungen kann man bspw. bei dem Hersteller Yuneec unterteilen in „Orbit Me", „Point of Interest" und „Follow me" bzw. „Watch me". Wie die englischen Bezeichnungen bereits vermuten lassen, umfliegt die Drohne beim Orbit Me-Modus den Steuerer auf einer wählbaren Flughöhe in einer kreisrunden Bahn, wobei die Kamera immer auf ihn gerichtet ist. Beim Point of Interest-Modus funktioniert es genauso, nur dass es sich bei dem zu betrachtenden Objekt nicht um den Piloten handelt. Im Follow Me-Modus hält die Drohne den eingestellten Abstand bzw. Position zum Piloten und folgt ihm in diesem Verhältnis, wenn er sich bewegt. Beim Watch Me-Modus kann die Drohne sich zwar frei

Abbildung 6: POI

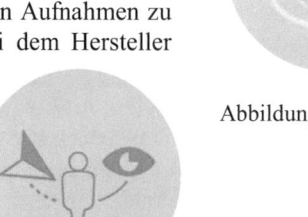

Abbildung 7: Orbit Me

Abbildung 5: Follow / Watch Me

---
[21] Vgl. Car2Go Geschäftsgebiet.
[22] Vgl. Reclus, F., (2009), S.354.

bewegen, die Kamera ist jedoch immer auf den Piloten gerichtet. Letzteres hat wenig mit Geofencing zutun, wird der Vollständigkeit halber aber dennoch erwähnt.[23]

Der Vorteil dieser Methode ist klar die Einfachheit der Implementierung, da nur wenige Daten benötigt werden. In der Logistik kann diese Methode durch die Erweiterung mit Zeitfenstern und/oder Geschwindigkeiten für logistische Planungszwecke genutzt werden, um bspw. Ankünfte von LKWs oder Schiffen einfacher zu planen.

2.4.3 Wegpunkte und Routen

Bei dieser Technik soll ein mobiles Objekt eine gesamte Strecke vom Start bis zum Reiseziel überwacht werden. Es kann so festgestellt werden, ob und inwieweit ein Objekt von seiner zugewiesenen Route abweicht.

Vor der Abfahrt wird eine Route mit einem Koordinatenset in einer Software Applikation kreiert und festgelegt. Eine Reihe von kreisförmigen Geofences werden nacheinander (auch überlappend) entlang der gesamten Strecke angesetzt (vgl. Abbildung 8). Wenn das Objekt von der vorgegebenen Route abweicht, kann es bei Geofencesüberschreitungen je nach Toleranz einen Alarm auslösen. Diese Form des Geofencing ist recht aufwendig und eignet sich daher in der Logistik nur, wenn Strecken häufig und regelmäßig gefahren werden.[24] Außerdem findet sie eine Anwendung, wenn die zu transportierende Fracht entsprechend schützenswert ist. Bei solchen Werttransporten kann so, neben dem eigentlichen Diebstahlschutz, sofort Alarm gegeben werden, wenn der erlaubte Bereich der Route verlassen wird.[25]

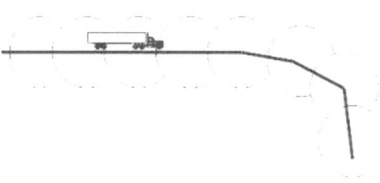

Abbildung 8: Routengenaues Geofencing

2.5 Besonderheiten beim autonomen Fliegen

Es wurden nun bereits verschiedenste Techniken des Geofencing dargestellt, die einerseits speziell für das autonome Fliegen (besonders Kameradrohnen), andererseits aber auch für andere Anwendungen, wie die Logistik bzw. andere Fahrzeugbereiche konzipiert sind. Was jedoch alle gemeinsam haben ist, dass sie auf einer zweidimensionalen Sicht, quasi einer Vogelperspektive, basieren. Offensichtlich bewegt man sich beim Fliegen jedoch im dreidimensionalen Raum, daher stellt sich die Frage, ob die einfachen 2D Geofences gerade aus Sicherheitsperspektiven ausreichen. Es ist bspw. grundsätzlich verboten, ohne

---

[23] Vgl. intelligente Flugmodi Yuneec Typhoon H Drohne.
[24] Reclus, F. (2009), S.354.
[25] Vgl. GPS Watch.

Genehmigung über 100m über Grund zu fliegen, eine einprogrammierte Grenze gibt es jedoch nur vereinzelt.[26]

3 Konfliktpunkte

Durch die immer leistungsstärken autonomen Systeme ergeben sich neben Potentialen genauso auch Konflikt- und Risikoprobleme zwischen der Gesetzgebung, den einzelnen Anspruchsgruppen aus Wirtschaft, Sicherheit und privaten Haushalten, die folgend dargestellt werden sollen. Auch in diesem Punkt wird sich speziell auf die autonomen Flugsysteme bzw. Drohnen konzentriert.

Die Nutzung von Drohnen ist in den letzten Jahren rasant angestiegen, nicht zuletzt auch, weil sie einfach zu bedienen sind und erschwinglicher werden. Bald schon könnten eine Millionen Drohnen in Deutschland im Umlauf sein, womit gleichzeitig auch die Gefahr von Unfällen steigt. Alleine im ersten Halbjahr 2017 gab es laut der deutschen Flugsicherung mehr als 40 Behinderungen des Luftverkehrs.[27] Somit ist klar, damit es nicht zu schwerwiegenden Unfällen kommt, muss der Drohnenverkehr reguliert werden, doch wie? Auf der anderen Seite steht der Drohnenabsatzmarkt, der auf einschränkende Veränderungen sensibel reagieren könnte. Des Weiteren könnten Arbeiten wie bspw. Filmproduktionen oder Aufklärungsmissionen, die auf Drohnen angewiesen sind, durch grundsätzliche Einschränkungen erheblich beeinträchtig und aufwendiger, sowie kostenintensiver gemacht werden.

Unter Privatleuten gibt es ebenfalls zweigeteilte Meinungen. Die einen sind begeistert über die Möglichkeiten, wie das einfache Aufnehmen von Bildern aus der Luft, die anderen fürchten um ihre Sicherheit oder Privatsphäre. Außerdem fühlen sich einige durch den Lärm, der von einer fliegenden Drohne ausgeht, belästigt.[28]

Das Bundesministerium für Verkehr und digitale Infrastruktur (BMVI) setzt zwar klare Regeln für den Betrieb von Drohnen, diese sind (bisher) jedoch schwer zu kontrollieren und die Exekutive stößt bei der Durchsetzung an ihre Grenzen.[29]

4 Lösungsansätze

Um möglichst allen Anspruchsgruppen gerecht zu werden und die richtige Geofence Technologie zur Verfügung zu stellen, sollen folgend Handlungsempfehlungen und Lösungsansätze erläutert werden.

---

[26] Vgl. §21b Absatz 1, 8. VRBuF.
[27] Vgl. Spiegel 26.07.2017.
[28] Vgl. FAZ 13.03.2015.
[29] Vgl. BMVI.

Das BMVI verfolgt mit der Drohnenverordnung bereits sehr gute Ansätze und hebelt für sicherheitsrelevante Aufgaben, wie bspw. die der Feuerwehr, Einschränkungen zur Drohnennutzung aus. Es werden ansonsten zwar einige Regelungen festgesetzt, über den Einsatz von umfangreicheren Geofencing Maßnahmen gibt es jedoch keine Ansätze. Eine grundsätzliche und für alle Drohnen verpflichtende Datenbank von Geofence Zonen ist zwar zunächst aufwendig, könnte sich langfristig jedoch amortisieren und effektiv genutzt werden. Die Behörden hätten somit die Kontrolle über kritische Lufträume. Außerdem sollte man verschieden stark einschränkende Datensätze von Geofencezonen mit differenzierbaren Freigabestufen einsetzen. Auf diese Weise ist es möglich, einer behördlichen Einrichtung mehr Rechte und Möglichkeiten zuzuschreiben, als einer Privatperson. Man könnte drei verschiedene Ebenen von Freigaben pflegen: zum einen die oberste und höchste Freigabe für Behörden. Zum anderen an zweiter Stelle die Geofencedatenbank für gewerbliche Nutzer, die in ihrer Arbeit nicht eingeschränkt werden sollen, aber dennoch gewisse Regeln einzuhalten haben. Diese müssen sich dann zunächst für die Nutzung verifizieren und ggf. einen umfassenden Kenntnisnachweis ablegen. An letzter Stelle kommt die Nutzung von Privatleuten, die gänzlich für kritische Gebiete gesperrt werden können, dafür aber einen Überblick über ihre Möglichkeiten haben. Dies wird aktuell schon bei einigen Herstellern wie Yuneec oder DJI implementiert, ist jedoch keineswegs Standard.

Um die Privatsphäre speziell bei Kameradrohnen aufrecht zu halten, könnte man eine ähnliche Vorgehensweise wie Google Streetview nutzen. Dort können in der Straßenansicht Häuser auf Antrag unkenntlich gemacht werden, sodass niemand diese sehen bzw. erkennen kann.[30] Dieses System könnte man für Drohnenflüge ebenfalls einführen. Das heißt, dass jeder Grundstücks- bzw. Hausbesitzer selber entscheiden kann, ob auf der privaten bzw. gewerblichen Geofence Ebene über seinem Grundstück geflogen werden darf. Man könnte also eine Geofence um sein Grundstück ziehen, in der Datenbank hinterlegen und so dafür sorgen, dass über diese Grenze hinaus nicht mehr geflogen und/oder gefilmt werden kann. Auf diese Weise könnte jeder für seine eigene Privatsphäre sorgen und es wäre für diese auch garantiert. Aktuell ist das Gesetz zwar eindeutig, dass ohne die Einwilligung des Eigentümers nicht über Privatgrundstücke geflogen werden darf, eine Barriere gibt es jedoch nicht, zumal der Eigentümer einer Drohne ja nicht ohne weiteres bestimmbar ist und ein Gesetzesverstoß somit schwer zu verfolgen ist.[31]

5 Zusammenfassung und Fazit

Geofencing und eine damit verbundene Zentraldatenbank scheint unumgänglich. Aufgrund von wachsenden Nutzerzahlen von autonomen Systemen und den damit verbunden Risiken sollte ein Konzept erstellt werden, dass möglichst automatisiert, aber auch mit höchster Sicherheit und nötiger Privatsphärenberücksichtigung agiert. Nach

---
[30] Vgl. Google Streetview.
[31] Vgl. VRBuF.

Meinungen von Experten ist zwar ein europaweiter Geofence aufgrund der Größe und den Eigenheiten des GPS-Systems noch nicht machbar, dies kann sich mit technischem Fortschritt jedoch schnell ändern. Außerdem ist die Vorteilhaftigkeit unter Einsatz von bereits vorhandener Technologien gegeben und man kann bestehende Infrastrukturen wie Wifi Netze nutzen.

Weiterhin besteht im Area Geofencing viel Potenzial zur Optimierung. Sowohl die Privatsphäre, als auch die Sicherheit von Bürgern lässt sich durch effektiven Einsatz steigern. Auf der anderen Seite kann in den zuvor empfohlenen Ebenen eins und zwei der Geofences mit Lockerungen und Freigaben das Arbeiten mit Drohnen optimiert werden. In Zukunft bedarf es einer engen Zusammenarbeit zwischen Herstellern und Gesetzgebung, um Schnittstellen zu erarbeiten, die Integrierung von Pflichtgeofences zu ermöglichen und um für eine effiziente Einhaltung von Gesetzten zu sorgen. In Zukunft wird es im Zeichen der Internationalisierung und Globalisierung auch weniger auf die deutsche, sondern vielmehr auf internationale Regelungen ankommen. Nicht zuletzt werden Drohnen durch den technischen Fortschritt in der Lage sein, mit höherer Energiekapazität auch größere Strecken zurückzulegen, wie ein solches mehr oder weniger komplett autonomes Fliegen geregelt werden soll, bleibt abzuwarten. Fest steht jedoch: ohne Geofences wird dies nicht möglich sein, da diese bereits heute ein elementarer Bestandteil der autonomen Systeme sind.

Literatur- & Quellenverzeichnis

Abidi, H.	CO2-Ermittlung und Geofencing in der Logistik: https://www.fom.de/download/388-351-ild_Praesentation_GPS_LAB_1_Logistik_Forum_Berlin_14_04_01.pdf letzter Zugriff am 18.12.2017
Bundesministerium für Verkehr und digitale Infrastruktur	Verordnung zur Regelung des Betriebs von unbemannten Fluggeräten, Vom 30. März 2017 (zitiert als: VRBuF)
Bundesministerium für Verkehr und digitale Infrastruktur	http://www.bmvi.de/SharedDocs/DE/Artikel/LR/151108-drohnen.html letzter Zugriff am 08.02.2018 (zitiert als: BMVI)
Car2Go	https://www.car2go.com/media/data/germany/hamburg/files/maps_geschaeftsgebiete_web_hamburg.pdf letzter Zugriff am 08.02.2018 (zitiert als: Car2Go Geschäftsgebiet)
Continental Automotive	Echtzeit-Geofencing: VDO Fleet Visor: http://www.fleet.vdo.de/logistik/geofencing/geofencing-mit-fleetvisor/ letzter Zugriff am 08.02.2018 (zitiert als: Continental Automotive)
Der Spiegel	http://www.spiegel.de/wirtschaft/soziales/bald-eine-million-drohnen-in-deutschland-a-1159828.html letzter Zugriff am 08.02.2018 (zitiert als: Spiegel)
DJI	DJI Flysafe Map: https://www.dji.com/flysafe/geo-map letzter Zugriff am 08.02.2018 (zitiert als: DJI Flysafe Map)
DJI	https://www.dji.com/flysafe letzter Zugriff am 08.02.2018 (zitiert als: DJI)

Frankfurter Allgemeine	http://www.faz.net/aktuell/wirtschaft/cebit/drohnen-missbrauch-gefahr-durch-terroristen-und-kriminelle-13468494.html letzter Zugriff am 08.02.2018 (zitiert als: FAZ)
Google Streetview	https://maps.google.com/intl/de/help/maps/streetview/privacy.html letzter Zugriff am 08.02.2018 (zitiert als: Google Streetview)
GPS Watch	https://www.gps-watch.de/informationen/branchen/sicherheitsdienste/ letzter Zugriff am 08.02.2018 (zitiert als: GPS Watch)
Herrmann, H.	Wörterbuch Geo Technik / Dictionary Geotechnical Engineering, Springer-Verlag Berlin, 2013 (zitiert als: Hermann, H.)
Karim, D. & Singh, J.	Development of automatic geofencing and accidental monitoring system based on GPS technology, IJCSEA, August 2013 (zitiert als: Karim, D.)
Larenz, Karl / Canaris, Claus-Wilhelm	https://www.dji.com/flysafe/geo-map letzter Zugriff am 08.02.2018 (zitiert als: DJI Flysafe Map)
Magicmaps	https://www.magicmaps.de/produktinfo/gps-grundlagen/wie-funktioniert-gps.html letzter Zugriff am 08.02.2018 (zitiert als: Magicmaps)
MiTAC Europe Ltd	GPS erklärt: http://eu.mio.com/de_de/globalpositioning-system_4985.html letzter Zugriff am 08.02.2018 (zitiert als: MiTAC Europe)
Reclus, F.	Geofencing for Fleet & Freight Management: http://webstaff.itn.liu.se/~davgu/tnsl06/geofencing_paper.pdf letzter Zugriff am 08.02.2018 (zitiert als: Reclus, F)

Yuneec	https://www.yuneec.com/de_DE/support/sicher-fliegen.html letzter Zugriff am 08.02.2018 (zitiert als: Yuneec)
Yuneec	https://www.yuneec.com/de_DE/kameradrohnen/typhoon-h-plus/uebersicht.html letzter Zugriff am 08.02.2018 (zitiert als: intelligente Flugmodi Yuneec Typhoon H Drohne)

BEI GRIN MACHT SICH IHR WISSEN BEZAHLT

- Wir veröffentlichen Ihre Hausarbeit, Bachelor- und Masterarbeit

- Ihr eigenes eBook und Buch - weltweit in allen wichtigen Shops

- Verdienen Sie an jedem Verkauf

Jetzt bei www.GRIN.com hochladen und kostenlos publizieren